Heidi und Georg Fruhstorfer

Hurra, wir leben noch!

MÜNCHEN

nach 1945

Wartberg Verlag

In unserer Reihe „Bilder aus München" sind bisher erschienen:

(1) München – Bewegte Zeiten – Die 50er Jahre
(2) Kindheit in München in den 50er Jahren
(3) Das Millionendorf – München
Geschichten aus den 50er Jahren
(4) Hurra, wir leben noch – München nach 1945

Fotonachweis: Presse-Bild Fruhstorfer

1. Auflage 2003

Druck: Thiele & Schwarz, Kassel
Buchbinderische Verarbeitung: Büge, Celle

34281 Gudensberg-Gleichen, Im Wiesental 1
Telefon (0 56 03) 9 30 50 • www.wartberg-verlag.de
ISBN 3-8313-1336-9

ROLLEIFLEX

Nach einem Fronteinsatz in Russland und einem Fußmarsch von Minsk nach Smolensk, dem Feldzug in Frankreich, dem Aufenthalt in Albanien und Jugoslawien und einem weiteren Fußmarsch von Sarajevo nach Bosnisch-Brod, kam ich im Frühjahr 1945 in englische Kriegsgefangenschaft. Wenig später wurde ich den Amerikanern überstellt, die mich im März 1946 nach Bad Aibling in Oberbayern entließen.

Mein Weg führte mich zuerst nach Erding bei München, wo ich mich als ehemaliger Nachrichtenoffizier und Kompaniechef der Entnazifizierungsbehörde stellen musste. Ich wurde als Mitläufer eingestuft, was damals „vom Gesetz nicht betroffen" hieß.

KURZBIOGRAFIE

Georg Fruhstorfer, geboren 1915 in Winzer/Deggendorf, hatte nach Abitur und Studium mehrere Jahre als Berufsschullehrer und Redakteur gearbeitet, als er zum Kriegsdienst eingezogen wurde. Nach Krieg und Gefangenschaft absolvierte er eine Ausbildung zum Fotografen und hat seither zusammen mit seiner Frau unzählige Reportagen zu den verschiedensten Themen erfolgreich veröffentlicht.
Mit viel Vergnügen haben er und seine Frau diesen Bildband zusammengestellt, dessen Erscheinen Georg Fruhstorfer leider nicht mehr miterlebt hat – er verstarb Anfang Juni 2003.

GEORG FRUHSTORFER

Georg Fruhstorfer (Zweiter von links) im Kreise seiner Kollegen

Ich hatte das Glück, die Bekanntschaft eines Mannes zu machen, der frontuntauglich, wohl aber in der Heimat unentbehrlich war. Er war Geschäftsführer einer Molkereigenossenschaft und kam ohne Bezugsscheine und Geld an Butter. Scheinbar aus purer Nächstenliebe schenkte er mir welche, wodurch ich die Möglichkeit hatte, im Tauschgeschäft Filme und Fotopapier zu bekommen.

So konnte ich täglich mit meiner Leica nach München fahren, um möglichst viele Motive im Bild festzuhalten. Zwischen 1946 und 1954 entstanden rund 2 000 Aufnahmen. Aus diesen habe ich für das Buch eine Auswahl zusammengestellt – authentische Zeitzeugnisse, beeindruckend und historisch. Sie versetzen uns in eine Zeit zurück, die von Zerstörung und Verdrossenheit, aber auch von Hilfsbereitschaft, Hoffnung und neuem Lebensmut geprägt war.

Es ist ein Rückblick ohne Zorn:
„Manches, was gewesen ist, möchte man vergessen und wieder anderes sollte man nicht vergessen. Nichts aber sollte man als selbstverständlich ansehen."

Georg Fruhstorfer

Als Bomben München zerstörten

Vom September 1939 bis Mai 1945 dauerte der Zweite Weltkrieg – das „Tausendjährige Reich" war am Ende ...

Die Städte lagen in Trümmern, die Wirtschaft am Boden, das kulturelle Leben war ausgelöscht. Tote und Verletzte waren Hitlers letzte Opfer.

München war zwar weit weniger zerstört als beispielsweise Köln, aber doch stärker als manch andere Stadt. Im Jahre 1939 zählte München 817 389 Einwohner. In den folgenden Jahren bis Mai 1945 schmolz diese Zahl durch Tod, Flucht, Evakuierungen und Umquartierungen auf 480 447 Personen zusammen, was eine Verringerung um 41 % bedeutete.

Bei insgesamt 72 registrierten Luftangriffen, darunter 30 Großangriffe, starben 6 200 Menschen, 16 000 wurden verletzt und rund 300 000 Einwohner verloren ihr Dach über dem Kopf. Auf das Stadtgebiet fielen ca. 60 000 Spreng- und 500 000 Brandbomben, die rund 16 000 Großbrände auslösten.

10 600 Gebäude, rund 17 % des Vorkriegsbestandes, wurden dem Erdboden gleichgemacht. Nur 1270 Gebäude (2,5 %) blieben gänzlich ohne Schaden. Insgesamt büßte München 45% seiner Bausubstanz der gesamten Stadt und 90% des historischen Stadtbereiches ein. Statistiker geben den Gesamtzerstörungsgrad mit 33% an.

Berge von Schutt blieben übrig. Bis Dezember 1947 wurden etwa 2 Millionen Kubikmeter von insgesamt 7,5 Millionen auf die Endkippen in Neuhofen, in den Luitpoldpark und auf das Oberwiesenfeld abgefahren. Grünanlagen verdeckten später die unansehnlichen Schuttberge. Auf dem Oberwiesenfeld entstand bis 1972 das Olympiagelände.

Heute, 60 Jahre später, ist von Zerstörung und Schutt nichts mehr zu sehen. Der Wiederaufbau begann trotz der schweren „Trümmerjahre" erstaunlich schnell. Geschehen konnte dies durch die förderliche Politik der amerikanischen Besatzungsmacht, eine von der Stadt mit viel Energie betriebene Schutträumung, eine leistungsfähige Bauwirtschaft und die Bereitstellung öffentlicher Mittel. Doch ohne den unbändigen Überlebenswillen der Münchner Bevölkerung wäre er nicht zu schaffen gewesen.

Mehrfach wurde der Marienplatz bombardiert, besonders schwer im Winter 1944/1945. Wie durch ein Wunder blieb das Neue Rathaus von schwerer Zerstörung verschont. Die 280 Lancaster-Flugzeuge machten jedoch die gegenüberliegenden Gebäude und die Straße dem Erdboden gleich.

Jesuitenkirche St. Michael in der Fußgängerzone Neuhauser Straße/Kaufingerstraße: Erbaut 1583–1597, wurde sie im November 1944 zerstört.

Bereits im Jahr davor, bei einem englischen Großangriff am 9. und 10. März 1943 wurde das Alte Rathaus schwer getroffen.

▲ Besonders schmerzlich traf die Münchner die Zerstörung des „Alten Peters“. Auf dem „Petersbergerl“ hatten einst Mönche die Stadt München gegründet, woran St. Peter, die älteste Pfarrkirche der Stadt, erinnern sollte. Sie wurde von den Bomben fast restlos zerstört, ihr Wiederaufbau erst 1975 beendet.

▶ Der englische Großangriff im September 1943 galt dem Odeonsplatz, richtete aber glücklicherweise nur verhältnismäßig geringe Schäden an der Theatinerkirche an.

KEEP TO RIGHT

261 Flugzeuge der Royal Air Force bombardierten in der Nacht vom 2. auf den 3. Oktober 1943 das Zentrum Münchens. Bei diesem Angriff wurde auch die Bayrische Staatsoper getroffen.

Mit Spenden der „Freunde des Nationaltheaters“ wurde sie nach Plänen Gerhard Graubners und Karl Fischers wieder aufgebaut und am 21. November 1963 im alten klassizistischen Glanz feierlich neu eröffnet.

Am 6. und 7. September 1943 wurde die Stadt von einer Bombenlast von 629 Tonnen getroffen. Ein ganzer Gebäudekomplex in der Maxvorstadt lag daraufhin in Schutt und Asche. Im Hintergrund erkennt man einen Turm der Ludwigskirche.

Alltag zwischen Ruinen: Beim Blick vom Rosenthal durch die zerstörten Häuser auf die Türme der Frauenkirche und das Neue Rathaus bot sich ein erschütternder Anblick. Im Schatten der Ruinen bieten die ersten fliegenden Händler ihre Waren feil.

Nur jedes 43. Haus blieb von den Bombenangriffen verschont. Vom Lenbachplatz aus türmten sich hohe Schuttberge vor den Türmen der beschädigten Frauenkirche.

Mehrere Bombenangriffe trennten Münchens Klenzebau, die Alte Pinakothek, in zwei Ruinenkomplexe.

In jedem Haus standen Sandsäcke für den Luftschutz, sie sollten bald überflüssig werden ...

„Rama dama!“

Was die verheerenden Bombenangriffe übrig gelassen hatten, waren Ruinen und Berge von Schutt und Dreck.

Freiwillige Räumungskolonnen, die amerikanischen Besatzungssoldaten eingeschlossen, griffen zur Selbsthilfe. An der Spitze der populäre Oberbürgermeister Thomas „Dammerl“ Wimmer und der Stadtschulrat Anton Fingerle. Mit ihnen arbeiteten unzählige Trümmerfrauen nach dem Motto: „Rama dama!“ („Räumen tun wir!“).

Thomas Wimmer fegte auch symbolisch den braunen Ton weg und sang mit seinen strammen Versen: *„Hoch Freundschaft, Freiheit, Vaterland, die Becher ausgetrunken, was bist du deutsches Vaterland, zur Zeit so tief gesunken.“*

Rund 7,5 Millionen Kubikmeter Schutt mussten beseitigt werden. Die freiwilligen Helfer und Trümmerfrauen leisteten Erstaunliches, schafften sie doch an einem Tag rund 18 000 Kubikmeter.

▲ Vor dem Münchner Rathaus packten alle mit Spitzhacke und Schaufel mit an, auch Münchens Oberbürgermeister Thomas Wimmer (ganz links).

Der „Wimmer-Dammerl“, wie Münchens zupackender Oberbürgermeister liebevoll genannte wurde.

Man nannte sie die „Trümmerfrauen“. Millionen Männer waren gefallen oder noch in Kriegsgefangenschaft, also machten sich die Frauen an die schwere körperliche Arbeit. Als die Männer aus der Kriegsgefangenschaft heimkamen, war schon aufgeräumt.

Einsatzbesprechung zwischen Bürgern und Besatzern.

Kaum zu glauben, aber auch die gab es, die lieber zuschauten als mit anzupacken – hier vor der zerbombten Mariahilfkirche in der Au.

Heimkehrer und Flüchtlinge

Auf dem Münchner Hauptbahnhof trafen sie sich – ausgehungert, zerlumpt, geschlagen. Hoffnungslos vor einer unsicheren Zukunft, kehrten sie aus der Kriegsgefangenschaft zurück. Für sie war der sinnlose Krieg zu Ende. Sie waren froh, noch einmal davongekommen zu sein.

Desillusioniert und mit ihrer geringen Habe kehrten immer mehr Gefangene in ihre Heimat zurück. Auf den Bahnhöfen und Plätzen bestimmten sie das Alltagsbild.

▼ Die erste Zigarette in der Heimat. In seiner alten Wehrmachtsuniform kam dieser Heimkehrer am Münchner Hauptbahnhof an. Niemand wartete auf ihn ...

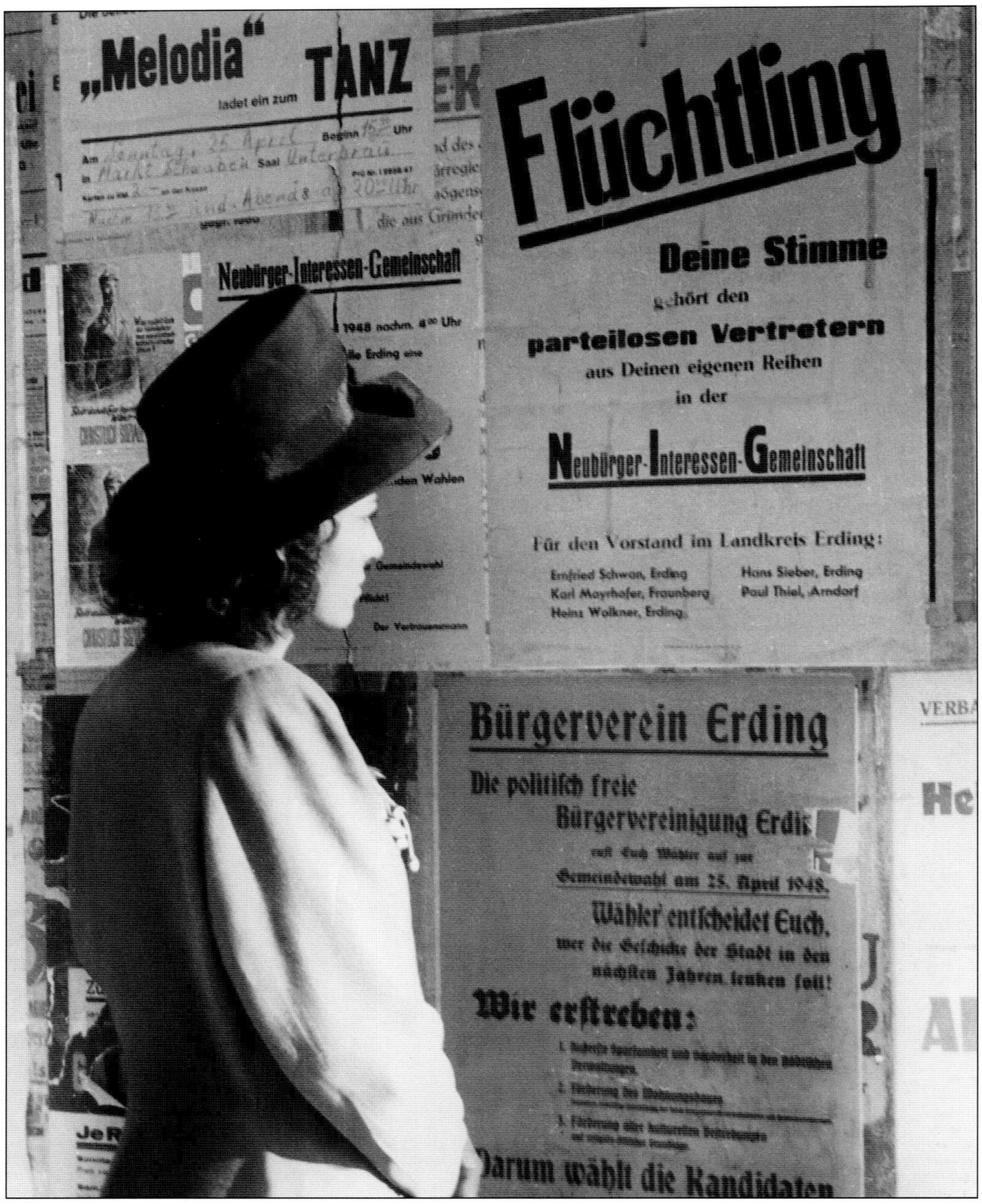

Als das politische Leben wieder begann, buhlten alle Parteien und Interessengemeinschaften um die Stimmen der rund 2 Millionen Flüchtlinge und Vertriebenen in Bayern.

Mit einem handgemalten Schild protestierte die KPD gegen Gebührenerhöhung – Wahlwerbung anno 1948.

Improvisation und Rationalisierung

Die Häuser waren zerstört, ebenso die Wohnungseinrichtungen und Dinge des täglichen Lebens. Haushaltsgegenstände waren rar und viel zu teuer. Da galt es zu improvisieren und neue Ideen in die Tat umzusetzen. Aus dem Wehrmachtsmaterial wurden beispielsweise Töpfe und Pfannen hergestellt.

Zuerst gab es Reichsbrot-, -fleisch- und -fettkarten. Als dann die Lebensmittelvorräte immer knapper wurden, musste man sich mit einer Lebensmittelkarte begnügen. Als Erwachsener über 20 Jahre, gültig vom 2. 2. bis 29. 2. 1948, erhielt man damit u.a.: 450 Gramm Zucker, 1 000 Gramm Brot und 200 Gramm Fleisch. Bei Verlust gab es keinen Ersatz.

Der Markenumtausch war ein umständlicher bürokratischer Akt, das Wirtschaftsamt stellte Bescheinigungen zum Kauf alltäglicher Gebrauchsgegenstände aus.

Das Warten war ein köstlich Ding! Überall musste man anstehen, so auch bei den Markenumtauschstellen. Die „Feierlichkeit“ der Handlung wurde dadurch unterstrichen, dass jeweils nur eine Person eintreten durfte – wie im Beichtstuhl.

Mit Plakaten an den Litfaßsäulen warben Parteien, Konzertveranstalter und der Zirkus Krone, aber die Hausfrauen wurden auch auf die Eierausgabe hingewiesen. Da galt es offenen Auges durch die Stadt zu gehen.

Improvisation und Rationalisierung

▶ Zum Leben zu wenig, zum Sterben zu viel – alles war rationiert. Auf die Lebensmittelkarte vom 2. bis 29. Februar 1948 bekam man 50 Gramm Fett, 500 Gramm Zucker, Kaffee-Ersatz, einen Bestellschein für entrahmte Frischmilch, Brot und andere Nährmittel.

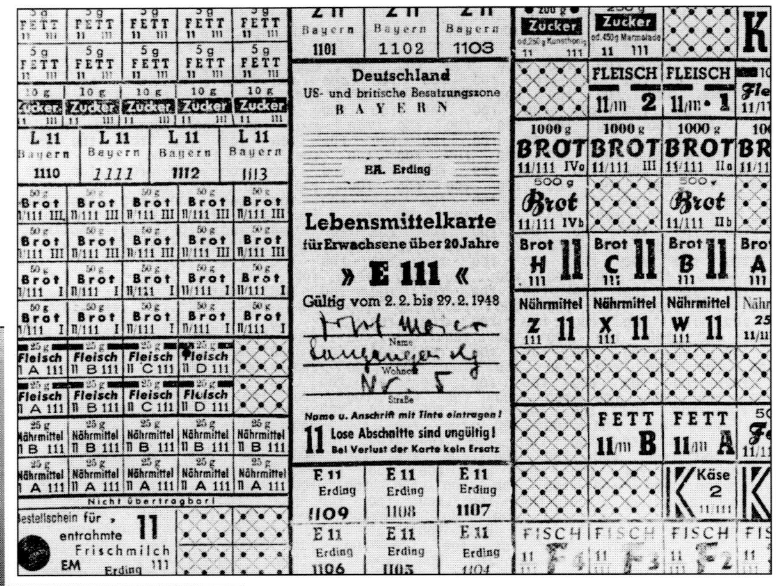

◀ Mit vielen Bescheinigungen in der Tasche, die man sich schon buchstäblich „erwartet" hatte, wurde wieder auf eine Bescheinigung für eine weitere Bescheinigung ... und schließlich auf ein Fahrrad gewartet.

▶ Es gab fast nichts. Haushaltsgegenstände waren teuer. Man bot mit lockenden Parolen Töpfe und Geschirr aus altem Wehrmachtsmaterial an.

Das Angebot an neuen Waren war gering, die Produktion lief langsam an. Um Engpässe kurzfristig zu beheben, wurden Tauschstellen eingerichtet.

▼ Glasscheiben waren Mangelware, es gab sie erst nach der Währungsreform wieder. Bis dahin behalf man sich mit Brettern und vernagelte die Schaufensterfront notdürftig. Wo einst Blumen und Pflanzen verkauft wurden, besann man sich jetzt auf das Wesentliche und bot Lebensmittel an.

Billiges Fleisch und Hefesud

Die Münchner Freibank in der Nähe des Viktualienmarktes war nach dem Krieg ein Barometer der Not. Hier konnte man minderwertiges, billiges Fleisch und die mehrfache Menge der Zuteilung erstehen. Auf $^1/_4$ der Marken gab es ein Pfund Surfleisch für 65 Pfennig. Geöffnet war die Freibank an drei Verkaufstagen in der Woche. Hunderte von ausgehungerten Menschen warteten hier oft bis zu 40 Stunden auf billiges Fleisch. Manch einer brach vor Erschöpfung zusammen. Die Polizei musste die Menschenmassen in Schach halten.

Menschenmassen vor der Münchner Freibank – nur allzu verständlich nach Jahren der Not und des Hungers. Mit Mühe bändigen Polizisten den Ansturm der Kunden.

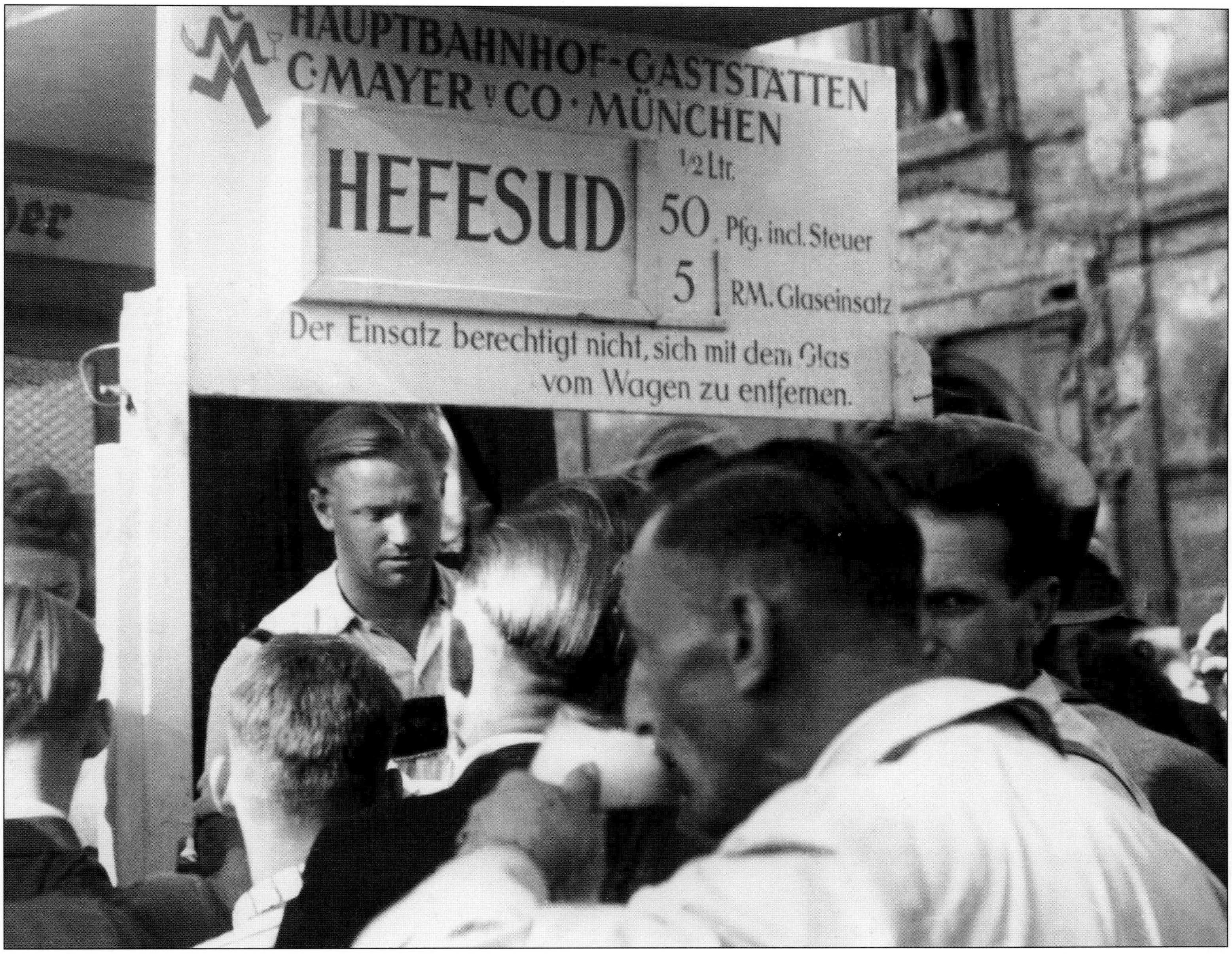

▲ Statt des bayrischen Nationalgetränks Bier mussten sich die Gäste der Hauptbahnhof-Gaststätten mit Hefesud zufrieden geben, der am notdürftig eingerichteten Ausschank angeboten wurde. Mit 5 Reichsmark Pfand wurde das Glas vorsorglich belegt – sicher eine notwendige Maßnahme in einer Zeit, in der auch Haushaltgegenstände Mangelware waren.

▶ Die Preisschilder im Verkaufsraum der Freibank ließen die Herzen höher schlagen. Für einen Bruchteil an Marken konnte man eine größere Menge an Fleisch bekommen, allerdings von so genannter minderwertiger Qualität, aber was machte das schon in einem vom Mangel bestimmten Alltag.

Hamstern – unterwegs mit Rucksack und Tasche

In Friedenszeiten heißt „hamstern“ gierig Vorräte sammeln. In Zeiten der Not, wie nach einem Krieg, bedeutete es sammeln, um zu überleben.

Millionen von Männern waren gefallen, tausende noch in der Gefangenschaft. Die Mütter räumten Schutt und klopften Steine. So machten sich viele Großeltern mit Rucksäcken und Taschen auf den Weg aufs Land.

Bei den Bauern gab es Milch, Butter und Eier. Wer noch Schmuck, einen Teppich oder eine Antiquität hatte, war am besten dran. So schmückte manches Bauernhaus im Oberland ein Perserteppich, eine Jugendstiluhr, Silber oder Meißner Porzellan und die Städter wurden mal wieder richtig satt.

Walter Sedlmayr, der beliebte Münchner Schauspieler, erzählte in den 70er-Jahren über seine Nachkriegserlebnisse in München: „Vier Wochen vor Kriegsende war ich als Flakhelfer abgehauen. Meine Eltern versteckten mich in einem Taubenschlag, bis die Amerikaner kamen. Die quartierten sich in unserem Haus ein und meine Eltern mussten im Keller hausen. Jeden Tag war ich mit dem Fahrrad unterwegs zu den Bauern in der Gegend um Dachau. Nicht ein einziges Mal kam ich mit einem leeren Rucksack zurück. Einmal erbettelte ich mir ein halbes Dutzend Eier und das ohne jegliche Gegenleistung. Als ich die 40 Mark Kopfgeld bekam und dazu meine erste Gage von 150 Mark, kam ich mir vor wie ein Fürst. Ich kaufte in dem feinsten Delikatessengeschäft für 60 Mark die leckersten Sachen und lud 30 Freunde, unter ihnen auch die Liesl Karlstadt, zum Essen ein.“

◄ Zwischen 1945 und 1948 ein alltägliches Bild auf dem Münchner Stachus: alte Menschen mit großen Rucksäcken. Sie hatten es auf ihren Hamstergängen doppelt schwer.
(Dieses Foto erhielt den 1. Preis des Wettbewerbs „München in schwerer Zeit“.)

► Besonders die alten Menschen litten unter der Kälte des ersten harten Nachkriegswinters 1946. Und so wurden nicht nur Lebensmittel, sondern auch Brennholz gehamstert.

Verbrüderung und Besatzungskinder

Bei Kriegsende, zum 8. Mai 1945, waren in Deutschland ca. 1,6 Millionen Amerikaner stationiert.
Zu freundschaftlichen Beziehungen zwischen Besatzern und Besetzten sollte es nicht kommen. Das Fraternisierungsverbot konnte jedoch nicht lange aufrechterhalten werden und scheiterte.
Nach einer Erhebung im Jahre 1955 wurden in Westdeutschland ca. 66 730 uneheliche Besatzungskinder gezählt, von denen rund 37 000 amerikanische Väter hatten. Davon waren ca. 10 % Kinder afro-amerikanischer Soldaten. Genaue Zahlen gibt es nicht.
Beide, Mütter und Kinder, hatten es schwer im Nachkriegsdeutschland, wurden häufig als „Ami-Flitscherl" und „Negerkinder" beschimpft, und das waren noch die harmlosen Beschimpfungen.

Die amerikanischen Soldaten suchten und fanden schnell ein „deutsches Fräulein", wenn es auf beiden Seiten auch nicht gern gesehen war. Neben der Tatsache, dass dieser GI gleich mit zwei Damen ausgeht, ist auch die Strumpfnaht der beiden Fräuleins bemerkenswert. In Ermangelung von Nylonstrümpfen, die man nicht bekam oder sich nicht leisten konnte, wurde die Strumpfnaht mit ruhiger Hand und Augenbrauenstift einfach direkt auf das Bein gemalt.

Wenn das kein hoffnungsvolles Zeichen ist: ehemals Feinde, jetzt Eltern eines gemeinsamen Kindes. Doch so wurde das in den Nachkriegsjahren nicht gesehen. Stattdessen mussten die jungen Mütter häufig mit der Verachtung und dem Spott ihrer Umwelt leben.

Schwarzmarkt und Währungsreform

Laut Duden bedeutet „Schwarzmarkt“ einen illegalen Handel mit rationierten oder verbotenen Waren.

In Zeiten der Not aber gelten andere Gesetze. Nach dem Krieg bestimmte die Zigarette die Kaufkraft des Geldes. Eine Zigarette (nicht etwa eine Schachtel!) kostete vor der Währungsreform 12 Reichsmark und gegen einen Tageslohn konnte sich ein Arbeiter gerade einmal zwei „Lucky Strike“ oder „Camel“ eintauschen. Wer Zigaretten hatte, konnte sich dafür Lebensmittel „kaufen“. Für 20 Zigaretten bekam man $^1/_2$ Pfund Butter oder 1 Pfund Fleisch, für 200 ein Paar Schuhe.

Die sinnlose Kriegswirtschaft hatte der Reichsmark alle Gold- und Devisenreserven geraubt. Der maßlos übersteigerte Notendruck brachte sie um jeden Wert. Das Geld war nicht einmal mehr das Papier wert, auf dem es gedruckt war.

Die alliierten Besatzer konnten sich über ein unvermeidliches Konzept für eine Währungsstabilität nicht einigen. Sie schoben die Entscheidung immer vor sich her, bis endlich Amerikaner, Engländer und Franzosen am 16. Juni 1948 die Währungsreform proklamierten.

Trotz aller Gerüchte gelang es, den „Tag X“ geheim zu halten. Unter starker Bewachung wurde das in Amerika gedruckte Geld in die Depots der drei Westalliierten gebracht.

Kurz vor Mitternacht zum 20. Juni 1948 erlebte das Geschäft mit Butter und Zigaretten seine letzten Höhepunkt.

Dann kam der „Tag X“, in München ein regnerischer Tag. Man sagte: „Am Tag als der Regen und der Segen kam!“ Mit 40 DM Kopfgeld gab es einen neuen Anfang – ohne Ausnahme und für alle.

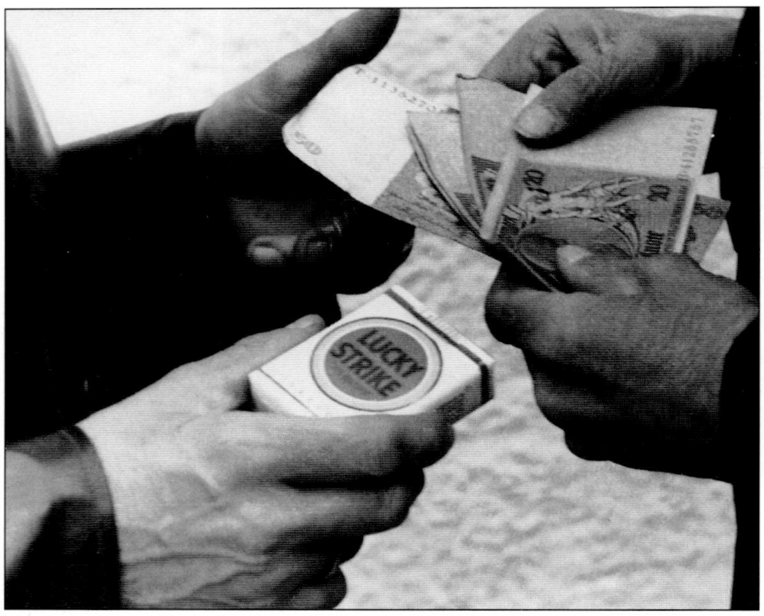

Es blühte der Schwarzhandel. Hoch im Kurs stand die „Zigarettenwährung“. Die Besatzer brauchten Geld. „Lucky Strike“ und „Kalorien“ waren die Schlagwörter. Eine Schachtel Zigaretten kostete 80 Reichsmark!

Bilanz am „Tag X“, dem 20. Juni 1948: Das alte Geld wurde wertlos. Es musste abgeliefert werden. Mit 40 D-Mark und einer Umtauschmöglichkeit von Reichs- in D-Mark von zehn zu eins begann ein neues Leben.

Die Währungsreform brachte auch das Ende der „Briefmarkenwährung“, die lange Zeit den vorhandenen Kleingeldmangel auszugleichen half.

Ein historisches Dokument: „Der Tag als der Segen kam", der 20. Juni 1948 in der Münchner Marienstraße. Endlich gab es die D-Mark.

Entnazifizierung

Man nannte es das Gesetz zur Befreiung vom Nationalsozialismus. Es betraf an die 12 Millionen Menschen in der von Amerikanern besetzten Zone. In Nürnberg wurden ab November 1945 die Spitzen des NS-Regimes vor das Internationale Militärtribunal gestellt.

In der US-Zone wird die Entnazifizierung zunächst sehr streng durchgeführt. Die Betroffenen wurden in fünf Kategorien eingestuft: 1. Hauptschuldige, 2. Belastete, 3. Minderbelastete, 4. Mitläufer und 5. Entlastete.

Schließlich entledigte sich die amerikanische Militärregierung dieser lästigen Pflicht und erklärte, dass die Entnazifizierung nun Sache der Deutschen sei.

Spruchkammern und Berufungskammern wurden eingerichtet und saßen zu Gericht. Eine Reihe von Entlastungszeugen meldete sich und noch mehr Denunzianten. Es sollte noch einige Jahre dauern, bis dieses Kapitel der deutschen Geschichte abgeschlossen wurde.

„Schlussstrich darunter", forderten damals die Freien Demokraten: „Schluß mit dem Staatsbürger zweiter Klasse, wählt FDP."

Käuferschlangen und Reklame

Zum Alltagsbild der Nachkriegszeit gehörten die langen Warteschlangen. Schlange stehen musste man überall dort, wo es etwas gab.

In aller Herrgottsfrühe begann auf dem Viktualienmarkt das lange Anstellen. Oft waren nur ein paar Kartoffeln oder Eier der Lohn für stundenlanges Warten. Missmut kam trotzdem selten auf. Man hatte sich daran gewöhnt, ratschte ein wenig, tauschte Neuigkeiten aus und erfuhr, wo es wieder etwas gab. Mit viel Humor, Hilfsbereitschaft und Durchhaltewillen überstanden die Münchner die schwierige Versorgungslage.

Verkäufer von Drahtmatratzen allerdings mussten die Werbetrommel rühren. Wer brauchte damals schon eine Tapeziererwerkstätte?

▲ Auf dem Münchner Viktualienmarkt: Geduldig warteten die Hausfrauen auf Lebensmittel, was blieb ihnen auch anderes übrig ...

◄ Vor dem Münchner Schuhhaus Salamander drängten sich die Menschen. Mit einem Bezugsschein konnte man ein Paar Schuhe oder Sandalen erwerben.
Neben Schuhen war auch Fensterglas Mangelware und so gab es hier wie allerorten das gleiche Bild von zugenagelten Schaufenstern.

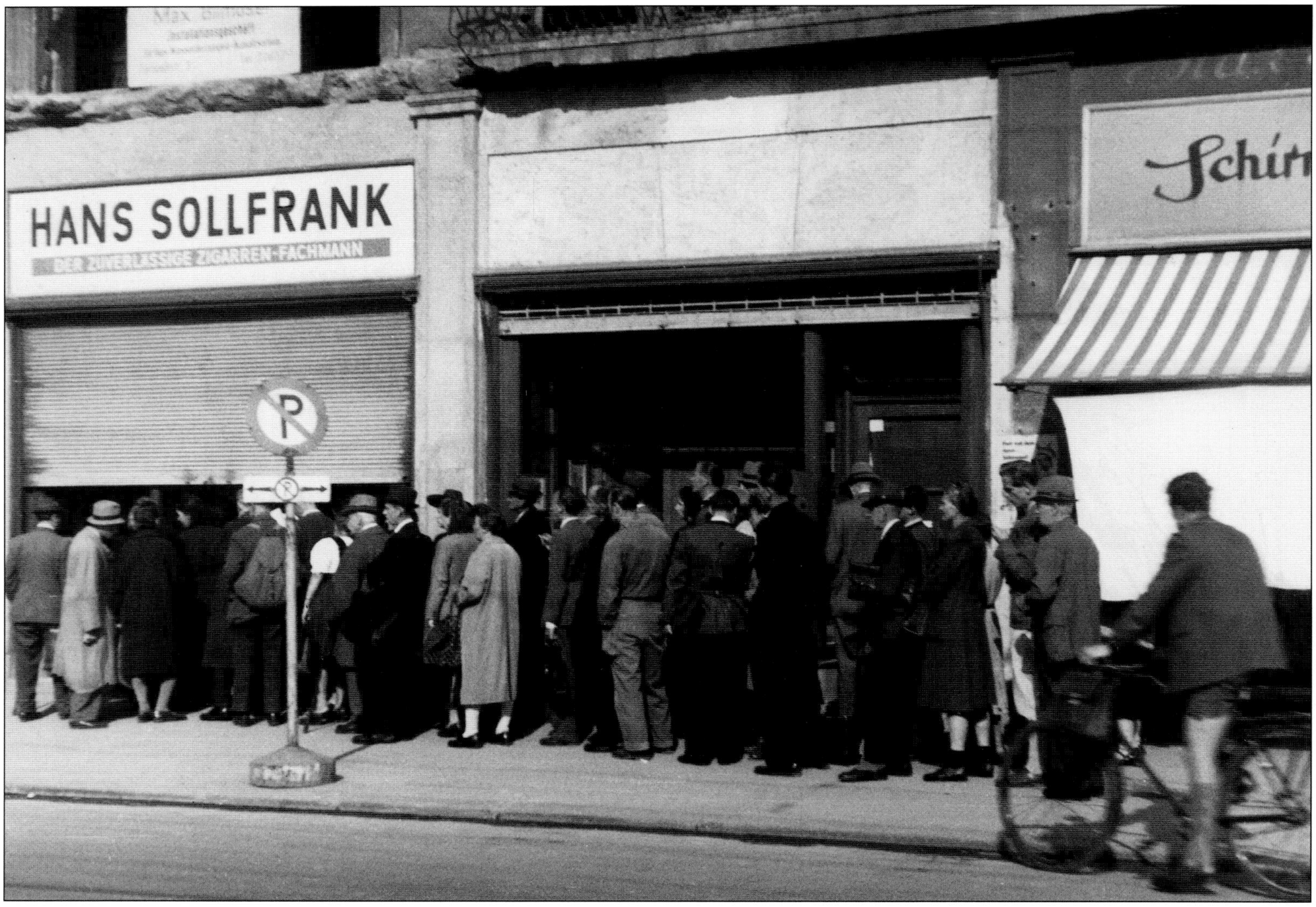

▲ Vor dem Zigarrengeschäft Hans Sollfrank warteten täglich fast ausschließlich Männer, die auf ihren leidenschaftlichen Tabakgenuss nicht verzichten wollten.

▼ Als Werbung noch Reklame hieß: Die großen Holztafeln an den zerstörten Häusern waren die ideale Werbefläche für die unterschiedlichsten Produkte und die Anbringung der Werbebotschaft echte Handarbeit.

Aus Alt mach Neu – jetzt war Kreativität gefragt, um aus dem wenigen Vorhandenen etwas zu machen. So bot der Handwerker in der Nieserstraße allerlei unterschiedliche Arbeiten vom Tapezieren über die Reparatur von Matratzen bis hin zur Neuanfertigung von Sitzmöbeln an.

Schrankenlose Gewerbefreiheit

In der von den Amerikanern besetzten Zone konnte jeder verkaufen wo, wann und was er wollte. Auf fast allen Plätzen schlugen „Fliegende Händler" ihre Zelte auf. In der ganzen Stadt zählte man an die 3 445 Hausierer, die mit Seifen, Rasierklingen, Kämmen und Schnürsenkeln von Haustür zu Haustür wanderten und ihr Sortiment anboten.

Besonders verzweifelt war die Situation der alten Menschen. Um nicht betteln zu müssen, boten sie häufig ihre letzte Habe zum Verkauf an.

▶ Schrankenlose Gewerbefreiheit in der von den Amerikanern besetzten US-Zone. Auf dem Marienplatz bauten fliegende Händler ihre Stände auf. Da Mangel an allem herrschte, war ihnen der Verkaufserfolg gewiss, egal was sie anboten.

▼ Häufig hatte der Krieg ihr Lebenswerk und ihre Familie zerstört, nichts war ihnen geblieben. Einige hielten sich mit dem Verkauf von Blumensträußchen notdürftig über Wasser.

▲ Die Häuser waren zerstört, aber die Geschäfte gingen weiter, man arrangierte sich mit der Situation. Zwischen den Ruinen blühte der Handel.

◀ Ihr „Laden“ war der Boden eines Ruinengrundstückes im Münchner Tal. Das schmale Angebot feinsäuberlich aufgereiht, wartete diese Frau auf Kundschaft und vertrieb sich die Zeit mit Stricken.

▲ In der Sendlinger Straße: Wo fliegende Händler Kochgeschirr und Nudelhölzer anboten, entstand später das Haus von „Sport-Scheck".

▼ Die ersten Gaststätten unter freiem Himmel entstanden dort, wo einst schöne Bürgerhäuser gestanden hatten, wie hier in der Nähe des Karlstores (Stachus). Es war ein Anfang ...
Ein etwas absurdes Bild angesichts der Trümmerkulisse: Stilvoll servierten der Ober mit Fliege und weißem Jackett, das „Kuchenfräulein" in Schwarz mit weißer Schürze – ein bisschen Abwechslung und Vergnügen nach langen, entbehrungsreichen Jahren.

SPIRITUI SANCTO

◀ Die Läden waren zerstört, die Geschäfte aber mussten weitergehen. Auf Straßen, Ruinengrundstücken und selbst vor Kirchenportalen wurde gehandelt. Die Kirche verlangte kein Standgeld im Gegensatz zu so manchem privaten Grundstücksbesitzer, der den Händlern mit 300 bis 400 Reichsmark wahre Wuchermieten abverlangte.

▲ Was auch angeboten wurde, es fand seine Käufer. Auch der Hosenträgerverkauf dürfte sich gelohnt haben, war doch aufgrund der schlechten Versorgung mit Nahrungsmitteln so manche Hose zu weit geworden.

Verkehr

Die Züge im Nahverkehr fuhren unregelmäßig. Die Innenräume der Behelfswaggons waren primitiv. Im Winter waren beheizte Züge eine Seltenheit.

Bei Kriegsende war nur noch die Hälfte des Münchner Verkehrsnetzes zusammenhängend befahrbar. Ein Viertel war total zerstört. Der Münchner Hauptbahnhof mit seinen beiden Flügelbahnhöfen Starnberger und Holzkirchner Bahnhof war zu 73% zerstört.

Die Bilanz der Münchner Trambahn beim Einmarsch der amerikanischen Truppen:

168 einsatzfähige Triebwagen von ehemals 444, 230 Beiwagen von 516 und 20 Linien auf einem auf ein Drittel reduzierten Netz.

Im Januar 1947 wurde der Betrieb wegen Materialmangels zeitweise stillgelegt. War Stromsperre, ging man eben zu Fuß.

Benzin war knapp und nur auf Zuteilung erhältlich. Die Notlösung waren umgebaute Pkw zu Lieferwagen mit Holzgasantrieb. Manche Bürger hatten noch ein Fahrrad. Und auch das alte Münchner „Leiterwagerl" war wieder ein begehrtes Transportmittel.

Auch hier Improvisation und Kreativität: Das Benzin war rationiert und man benötigte eine Ausnahmegenehmigung für Berufsfahrten. Die Pkw wurden zu Lieferwagen umgebaut und mit Holzgasanlagen angetrieben – Not macht erfinderisch!

▲ Zwischen Schutt und Ruinen fuhr sie wieder, die Münchner Trambahn, wenn nicht gerade Stromsperre war.

▼ Wiederaufbau des Münchner Hauptbahnhofes mit dem fertig gestellten Querbahnsteig.

Glaube und Kirche

In Zeiten der Not besinnen sich die Menschen auf ihren Glauben und finden den Weg wieder in die Kirchen. Das war in der Nachkriegszeit nicht anders.

In München war es damals der Jesuitenpater Johannes Leppich, der Frauen, Männer, Jugendliche und Kinder aufrüttelte und begeisterte. „Draufgänger Gottes“ nannten sie ihn. Seine Kanzel war nicht die Kirche, sondern die großen Plätze in der zerbombten Stadt.
Der streitbare Gottesmann redete in der Sprache der Menschen auf der Straße. Er nahm kein Blatt vor den Mund, drohte und lockte mit unmissverständlichen Vergleichen wie: „Wenn ihr in der Kirche eine Kniebeuge macht, dann wendet und dreht ihr euch wie die reinsten Schießbudenfiguren.“ Oder: „Wir haben zu viele Priester, die nur noch Techniker der Sakramente sind. Ob der Hahn auf dem Kirchturm einen vergoldeten Hintern hat, ist unwichtig, aber dass ein Rentner nicht weiß, was er morgens essen soll, ist eine Schande.“
Wie er gekommen war, verschwand er wieder in der Versenkung. Jeder Münchner aber, der die schweren Jahre erlebt hatte, kann sich noch an ihn erinnern.

Im Juni 1952 verstarb der Erzbischof von München-Freising, Michael Kardinal von Faulhaber. 35 Jahre lang, von 1917 bis 1952, während zweier Weltkriege, war er Erzbischof von München-Freising gewesen. Vehement war der Kardinal gegen den Germanen-Kult der Nazis und für das christliche Menschenbild eingetreten.

Pater Leppich spricht zu zehntausenden vor der zerbombten Wolfgangskirche *(Foto oben)* und auf dem Königsplatz *(Foto rechts oben)*. Ein provisorisches Holzpodest, mehr brauchte der streitbare Gottesmann nicht, um die Menschenmassen in seinen Bann zu ziehen.

du Papier
P
MOTOR
Spezial-Kiosk
Kaffee-Tee-Kakao

200 000 Münchner nahmen am 17. Juni 1952 Abschied von Michael Kardinal von Faulhaber, dem langjährigen Erzbischof von München-Freising. In einem feierlichen Trauerzug durch das zerstörte München wurde er in die Gruft im Dom überführt.

Die ersten Zeitungen

Mit zunehmender Normalisierung des Alltags bewarben sich auch unbescholtene Bürger um eine Lizenz zur Gründung eines Verlages und der Herausgabe einer Zeitung. Es waren viele, bevorzugt wurden in erster Linie die Gegner des Nationalsozialismus.

Die amerikanische Militärregierung erteilte u. a. den Herren E. Goldschagg, Dr. F. J. Schönigh, A. Schwingenstein und W. Friedmann die Lizenz zur Herausgabe der „Süddeutschen Zeitung" - Münchner Nachrichten aus Politik, Kultur, Wirtschaft und Sport.

Schon ein halbes Jahr nach Kriegsende, am Samstag, den 6. Oktober 1945, erschien die erste Nummer des Jahrgangs 1 mit der Titelüberschrift: „Neue Regierung Bayerns unter Dr. Högner" auf dem Markt. 52 x 38,7 cm war das Format, 20 Pfennige der Preis.

Ein Zeitungsverkäufer bietet die Abendzeitung an, doch das Geschäft ging schlecht. Die Menschen brauchten das Geld für Essen und Kleidung.

Zeitungsstand in der Neuhauser Straße mit ungewöhnlich reichhaltigem Angebot.

Statt eines Kiosks genügten dem Zeitungsverkäufer ein Holzpfahl und ein klappriger Stuhl, um sein Angebot an Zeitungen und Postkarten zu präsentieren.

DIE NEUE ZEITUNG
ОБОЗРЕНИЕ
DIE ZEIT
BAVARIA
Neue Politik

Die ersten Zeitungen und Illustrierten lockten Jung und Alt an die behelfsmäßig eingerichteten Verkaufsstände. Aber es fehlte noch das Geld für den Zeitungskauf, weshalb man im Vorübergehen las und schaute.

Oper und Residenztheater waren zerstört. Doch bereits im Herbst 1945 übernahm der Schauspieler Paul Verhoeven die Leitung des Bayerischen Staatsschauspiels. Gespielt wurde mit Unterstützung der „Freunde der Residenz" im Brunnenhoftheater. Es war ein Provisorium mit 500 Plätzen.

1944 hatten Bomben auch die Münchner Kammerspiele im Schauspielhaus in der Maximilianstraße getroffen. Schauspieler und Techniker retteten nach dem Angriff das Zuschauergebäude. Das Bühnenhaus brannte aus und wurde nach Kriegsende in Stand gesetzt.

Die Amerikaner vergaben Filmlizenzen und in Geiselgasteig wurde bald nach Kriegsende wieder gedreht, so 1949 u. a. die Streifen „Der blaue Strohhut" und „Hallo Fräulein" mit Margot Hielscher.

Ein großartiger Schauspieler erinnert sich:

Der Charakterschauspieler und Vorzeige-Bayer Gustl Bayrhammer, 1922 in München als Sohn des Hof- und Staatsschauspielers Max Bayrhammer geboren, aufgewachsen im Stadtteil Neuhausen, erzählte in den 80er-Jahren über jene Zeit nach dem Krieg:

„Für mich war der Krieg als Obergefreiter der Luftwaffe am 30. April in Berlin zu Ende.

Nach meiner Entlassung aus amerikanischer Gefangenschaft kam ich Mitte August 1945 wieder in meine Heimatstadt München zurück. Über die Wiedersehensfreude mit meiner geliebten Mutter vergaß ich für wenige Stunden die ganze Trostlosigkeit meiner Umwelt. Die Stadt, die ich bei Ausbruch des Krieges verlassen hatte, war nicht wieder zu erkennen. Wie in einem riesigen Pompeji lebten die Menschen zwischen Bergen von Geröll, Schutt, Sand und Asche (...)

Jeder, der noch einmal davongekommen war, suchte Arbeit. Da ich während meines Schichtdienstes beim Reichsluftfahrtministerium die Möglichkeit hatte, Schauspielunterricht zu nehmen und im Juni 1944 mit Erfolg vor der Reichstheaterkammer die Prüfung abgelegt hatte, versuchte ich als Schauspieler unterzukommen. München war aber zu dieser Zeit der Zufluchtsort vieler hervorragender Schauspieler. Da gab es keinen Platz für einen Anfänger. In Sigmaringen fand ich eine Anstellung am Schloßtheater. An diesem kleinen Theater lernte ich 1946 auch meine Münchner Kollegin Irmgard Henning kennen. Wir mochten uns auf Anhieb und heirateten im Januar 1947. Als davon meine Kollegen erfuhren, meinten alle ausnahmslos: ‚Gustl, du hast wirklich Mut. Jetzt, wo das Geld immer weniger wert wird und niemand weiß, was uns die Zukunft bringen wird, wagst du einen solchen Schritt?' Ein Münchner Kollege, dem ich dann einige Monate später anvertraute, daß Irmgard in anderen Umständen sei, schüttelte verständnislos den Kopf und sagte: ‚Hast du denn nicht in der Zeitung gelesen, daß die Säuglingssterblichkeit in Bayern in diesem Jahr wegen der zu wenigen und qualitativ schlechten Milch auf fast 21 Prozent steigen soll?'

Als dann die Währungsreform kam, war unser Sohn Max gerade sechs Monate alt. Im Juni erhielten wir die letzte Gage in Reichsmark, bis Oktober spielten wir auf Teilung, wobei es pro Vorstellung oft nur 2,50 DM gab. Die Gage für den letzten Auftritt am 12. Oktober 1948 war eine Freifahrt mit einem Holzgaser von Sigmaringen nach München. Irmgard und ich waren arbeitslos und gingen stempeln. Nach einem Vierteljahr erhielt ich als gelernter Kaufmann eine Anstellung als Lagerleiter in einer Zigarettenfabrik und verdiente 350 Mark im Monat. Ein halbes Jahr später konnte ich dann meine Laufbahn als Schauspieler wieder fortsetzen. Von nun an ging es nur noch aufwärts."

Gustl Bayrhammer: Am 7. 7. 1947 heiratete er seine Kollegin Irmgard Henning.
(Foto: Bayrhammer privat)

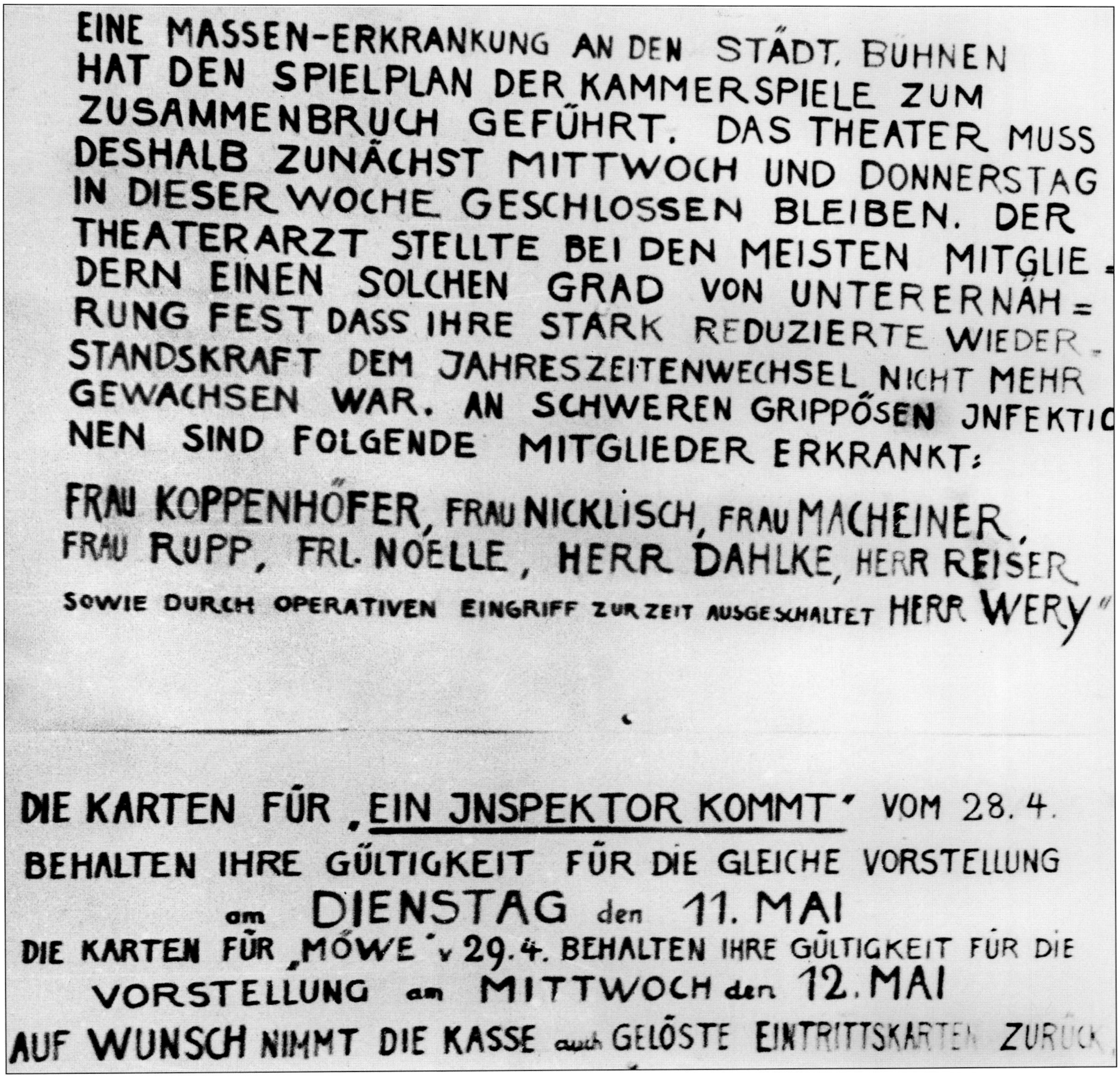

EINE MASSEN-ERKRANKUNG AN DEN STÄDT. BÜHNEN
HAT DEN SPIELPLAN DER KAMMERSPIELE ZUM
ZUSAMMENBRUCH GEFÜHRT. DAS THEATER MUSS
DESHALB ZUNÄCHST MITTWOCH UND DONNERSTAG
IN DIESER WOCHE GESCHLOSSEN BLEIBEN. DER
THEATERARZT STELLTE BEI DEN MEISTEN MITGLIE=
DERN EINEN SOLCHEN GRAD VON UNTERERNÄH=
RUNG FEST DASS IHRE STARK REDUZIERTE WIEDER-
STANDSKRAFT DEM JAHRESZEITENWECHSEL NICHT MEHR
GEWACHSEN WAR. AN SCHWEREN GRIPPÖSEN JNFEKTIO
NEN SIND FOLGENDE MITGLIEDER ERKRANKT:

"FRAU KOPPENHÖFER, FRAU NICKLISCH, FRAU MACHEINER,
FRAU RUPP, FRL. NOELLE, HERR DAHLKE, HERR REISER
SOWIE DURCH OPERATIVEN EINGRIFF ZUR ZEIT AUSGESCHALTET HERR WERY"

DIE KARTEN FÜR „EIN JNSPEKTOR KOMMT" VOM 28.4.
BEHALTEN IHRE GÜLTIGKEIT FÜR DIE GLEICHE VORSTELLUNG
am DIENSTAG den 11. MAI
DIE KARTEN FÜR „MÖWE" v 29.4. BEHALTEN IHRE GÜLTIGKEIT FÜR DIE
VORSTELLUNG am MITTWOCH den 12. MAI
AUF WUNSCH NIMMT DIE KASSE auch GELÖSTE EINTRITTSKARTEN ZURÜCK

Im Mai 1946 blieben die Kammerspiele für einige Tage geschlossen. Grund war eine Massenerkrankung der Schauspieler. Der Theaterarzt stellte bei den meisten Mitgliedern des Ensembles einen starken Grad an Unterernährung fest, wie das Plakat den Zuschauern mitteilt – „der Inspektor kam nicht ..."

Im Luitpold-Kino liefen noch alte Ufa-Filme, wie der Musikfilm „Die Frau meiner Träume“ von 1944 mit Marika Rökk und Grethe Weiser. Und auch für eine Kinokarte musste man anstehen, um sich dann für kurze Zeit vom trostlosen Alltag ablenken zu lassen.

Die „Lollo“ 1955 beim Winterschlussverkauf bei Konen in München: Unter den Kundinnen der italienische Filmstar Gina Lollobrigida, die am 31. Januar 1955 um 8.00 Uhr mit dem Zug aus Rom kommend am Münchner Hauptbahnhof eintraf.

Münchner Originale

Mit der Normalisierung des Lebens und der Gesellschaft tauchten auch sie wieder auf: die Originale, die Sonderlinge und Eigenbrötler.

Ihre Reviere sind immer die zentralen Orte, die Gegenden, wo sich Einheimische und Touristen treffen, so z. B. das Münchner Hofbräuhaus.

Die „Federn-Zenzi“

Da fanden sie Beachtung, wie in den ersten Nachkriegsjahren die „Gänseliesl“, die in einem Kinderwagen ihre Gans spazieren führte.

Der „Kohlrabi-Apostel“, mit bürgerlichem Namen Arthur Gräser, trieb sich auch in dieser Gegend herum. Er ernährte sich hauptsächlich von Gemüse und Almosen, schrieb Gedichte und kleidete sich wie ein mittelalterlicher Landsknecht. Jeder kannte ihn.

Lorenz Tresenreiter, der „Vogel-Jakob“

Arthur Gräser, der „Kohlrabi-Apostel“

Eine, die sich gerne mit „fremden Federn“ schmückte und diese stolz auf ihrem Hut zeigte, war die „Federn-Zenzi“, deren bürgerlichen Namen man nie erfahren hatte.

Ein anderes Original war der „Vogel-Jakob“. Er suchte seine Bewunderer und Kunden auf der Auer-Dult oder dem Oktoberfest. Lorenz Tresenreiter hieß er und mit seinen Pfeiferln (kleine Kartonblättchen) konnte er jede Vogelstimme nachahmen.

Im Englischen Garten traf man den „Blattlblaser“, der auf Buchenblättern Melodien summte und immer eine fröhliche Kinderschar um sich versammelte.

Der „Blattlblaser“

Wiederaufbau

In einem Kommentar zum Wiederaufbau Münchens findet sich folgender Beitrag des Münchner Oberbürgermeisters Christian Ude: „ ... 45 % zerstörte Bausubstanz im Stadtgebiet und über 80 % Zerstörung in der Altstadt waren das traurige Resultat des Zweiten Weltkrieges für die Münchner Baugeschichte.

Die Diskussion um den Wiederaufbau beendete Bürgermeister Thomas Wimmer mit dem bekannten Ausruf: ‚Rama dama!'. Die Entscheidung, München auf den alten Baulinien wieder zu errichten und nicht wie andere Städte die Zerstörung zum Anlaß einer grundlegenden Modernisierung und Umgestaltung zu nehmen, verdankt die Stadt ihre heutige städtebauliche Gestalt, für die sie in aller Welt bewundert wird. Gleichzeitig hat diese Entscheidung verkehrspolitische Auswirkungen, die wir heute noch spüren: Die große Enge des zum Teil noch mittelalterlichen, zum großen Teil gründerzeitlichen Stadtgrundrisses macht natürlich die Organisation des Verkehrs zu einer besonderen Herausforderung. Wo andere Städte große Schneisen durch die Stadt geschlagen haben, Stadtautobahnen mitten ans Zentrum herangeführt haben, dominiert in München noch immer die gebaute Stadt, die Architektur und die gebauten Wahrzeichen.

In der Zeit nach dem Krieg explodierte sowohl die Einwohnerzahl, wie auch die Kfz-Nutzung buchstäblich. 1946 hatte die Stadt noch 700 000 Einwohner, 1957 wurde der Millionste Münchner gefeiert. In der gleichen Zeit wuchs die Kfz-Flotte von rund 20 000 KFZ nach dem Krieg bis über 130 000 KFZ im Jahr 1957. In dieser Zeit wurde klar, daß ein grundlegender Ausbau des Straßennetzes notwendig werden würde. Der Stadtentwicklungsplan von 1963 sah dann auch die Ausweitung vieler Radialstraßen sowie den Ausbau eines Ringsystems vor, was in den 60er Jahren schließlich in Angriff genommen wurde."

München Ende der 40er-, Anfang der 50er-Jahre: Der Wiederaufbau hatte begonnen. Wie hier in der Sonnenstraße ragten überall Baukräne in den Himmel.
Der Straßenverkehr rollte wieder und viele träumten vom ersten eigenen Auto, das dann häufig ein „Käfer" war. Bereits 1955 lief in Wolfsburg der millionste Volkswagen vom Band.

Hurra, wir sind Weltmeister!

Obwohl infolge der Hungerjahre körperlich leicht angeschlagen, schaffte die deutsche Nationalmannschaft mit ihrem unbeugsamen kämpferischen Willen das „Wunder von Bern".

In einem spannenden Spiel gewannen die „Helden von Bern" , allen voran Fritz Walter, am 4. Juli 1954 sensationell mit 3:2 gegen Ungarn.

In einem Autokorso zogen die Sieger, von den begeisterten Menschen gefeiert, am 6. Juli 1954 in München ein.

Im großen Rathaussaal überreichte Oberbürgermeister Thomas Wimmer Bundestrainer Sepp Herberger und seinen Schützlingen die silberne Sportplakette. Vom Deutschen Fußballbund gab es als Prämie u. a. einen Kühlschrank ... Das waren noch Zeiten!

Im Autokorso zogen die Fußballweltmeister durch das Karlstor zum Marienplatz.

Wir grüssen unseren
WELT-MEISTER
Wir grüssen unseren
WELT-MEISTER

▲ Ankunft der Nationalelf auf dem Marienplatz vor dem Münchner Rathaus.

◄ Mit Fahnen und Transparenten begrüßte man den Fußballweltmeister Deutschland, so wie das Kaufhaus Oberpollinger in der Neuhauser Straße.

► Oberbürgermeister Thomas Wimmer überreichte dem Mittelstürmer Maxl Morlock (links) die silberne Sportplakette.

In keinem anderen Bundesland ist nach dem Zweiten Weltkrieg der Modernisierungsschub so eindeutig ausgefallen wie in Bayern, denn hier fanden damals rund 2 Millionen Vertriebene und Flüchtlinge Aufnahme.
Auch meine Mutter, meine sieben Jahre ältere Schwester Edith und ich gehörten dazu. Unser Ziel war München. Nach langen Bahnfahrten und Fußmärschen erreichten wir die bayerische Landeshauptstadt, unsere neue Heimat.
Unsere alte Heimat im Osten, in der sowjetisch besetzten Zone, hatten wir bei „Nacht und Nebel" verlassen, um „schwarz" über die „grüne Grenze" in die von den Amerikanern besetzte Zone zu unserem Vater zu gelangen.
Zweimal waren wir zuvor auf unserer Flucht in die Freiheit verhaftet, tagelang eingesperrt und wieder zurückgeschickt worden. Erst im dritten Anlauf, nach einem langen Marsch durch den Harz, erreichten wir endlich den Westen. Drei Tage und Nächte lang saßen wir auf einem Bahnhof irgendwo hinter der Zonengrenze. Vergeblich hatten wir versucht, uns einen Platz in den überfüllten Zügen zu erkämpfen. Dann gelang es. Hilfreiche Menschen hoben uns durch das Fenster in ein Zugabteil.
In Landshut stiegen wir völlig übermüdet in einen Bus um. Irgendwann fanden wir uns mitten in München auf dem Stachus wieder. In meinem Gepäck befanden sich keine Kuscheltiere. Als Fünfjährige schleppte ich einen schweren Rucksack, in dem meine ganzen Habseligkeiten verstaut waren. Dazu trug ich Sommer- und Winterbekleidung übereinander, um möglichst viel zu retten.

Es war Stromsperre, die Straßenbahnen fuhren nicht, so pilgerten wir zu Fuß nach Thalkirchen, wo wir endlich unseren Vater fanden. Überglücklich waren wir, uns nach Monaten wieder zu sehen. Bei Grießbrei mit Rosinen, den unser Vater für uns kochte, feierten wir überglücklich unser Wiedersehen. Eine wahre Köstlichkeit!

Heidi Fruhstorfer, geb. Wahl, mit ihrer Schwester Edith (1947)

1948 wurde ich mit Schulranzen und Schiefertafel in der Schule am Gotzingerplatz eingeschult. Auf meinem Schulweg kam ich täglich in der Implerstraße an einem großen Flüchtlingslager vorbei, wo hunderte Menschen provisorisch lebten. Überhaupt war die Hälfte meiner Mitschülerinnen „Flüchtlingskinder" und man sah es ihnen auch an ihrer schäbigen Kleidung und den wollenen, angerauten „Trainingshosen" unter dem Rock und der Schürze darüber an. Münchner Kinder dagegen waren herausgeputzt mit ihren akkurat geflochtenen Zöpfen oder den schicken „Gretlfrisuren" und den feinen Dirndlkleidern. Sonntags hatten jedoch alle die krönende Haarschleife, das „Mascherl", auf dem Kopf.
In der Klasse waren wir fast 50 Kinder, stets hungrig oder verfroren im Winter. Aber es gab ja die köstliche Schulspeisung, die die Amerikaner pünktlich in der Pause brachten. Den Duft von Erdnussbutter habe ich noch heute in der Nase und glücklich waren

wir über ein amerikanisches „Carepaket" mit allerlei Köstlichkeiten.
Durch den Heimatkundeunterricht lernten wir viel über unsere neue Heimat und der bayerische Dialekt, der schnell angenommen wurde, tat ein Übriges. Kopfschüttelnd wunderten sich meine Eltern, wie so ein kleines Mädchen so schnell Bayerisch lernen konnte, während ihnen das Mitteldeutsch ein Leben lang blieb. So konnte ich Weihnachten 1949 schon die Weihnachtsgeschichte von Ludwig Thoma, „…Im Wald is so staad", aufsagen.
Der rührige Stadtschulrat Anton Fingerle besuchte auch unsere Klasse und dann riefen wir: „Da Fingerle is da!"
Auf dem Schulweg kamen wir an einer Kaserne vorbei und bestaunten die Amerikaner, die uns nicht selten mit Kaugummi oder Schokolade beglückten.
Mein erstes Oktoberfest erlebte ich im Herbst 1948 und genoss auch meine erste Eiscreme und eine wunderbare Karussellfahrt. Natürlich ging man dorthin zu Fuß und sparte das Geld für die Trambahn.

Kinder hatten es gut in den Nachkriegsjahren. Zwar spielten wir „Schlüsselkinder" auf Ruinengrundstücken und hatten wenig, doch genossen wir eine große Freiheit. Wir kannten keinen Schulstress. Mit „Häuslhupfen" und „Völkerball", „Seilspringen" und „Fangerlmannspielen" oder „Räuber und Schandi" verbrachten wir unsere freien Stunden und waren glücklich. Niemand regte sich über lärmende Kinder auf. Wir freuten wir uns über jede Kleinigkeit, jedes „Zehnerl", das man natürlich sofort in Süßigkeiten umsetzte.
Hoch im Kurs standen Kinobesuche. Als 1950 der Spielfilm „Das doppelte Lottchen" nach einem Kinderbuch von Erich Kästner verfilmt wurde, wünschte sich jedes Mädchen, eine Zwillingsschwester zu haben.
Im Tierpark Hellabrunn konnte man wieder auf Elefanten reiten und ganze Familien strömten am Wochenende hinaus an die Isar, um vom „Flaucher" nach Großhesselohe oder Grünwald zu wandern.
München wurde wieder aufgebaut. Der Schutt wurde auf das Oberwiesenfeld gefahren, wo später der Olympiapark entstand. Es gab wieder Würstlbuden und Kinos, Kaufhäuser und Spielplätze und im Sommer wunderbare Freibäder, wo man seine großen Ferien genießen konnte und mit einem „Steckerleis" für 10 Pfennige, einer Limo oder Brausepulver glücklich war.
Als ich als 16-jährige Schülerin dann 1958 die feierliche 800-Jahr-Feier der Stadtgründung Münchens mit einem nächtlichen Umzug durch die Innenstadt miterlebte, war München für mich die schönste Stadt der Welt ...

Heidi Fruhstorfer

WEITERE BÜCHER AUS DEM WARTBERG VERLAG FÜR IHRE REGION

Kindheit in München
in den 50er Jahren
von Rudi Dix und Heinz Gebhardt
64 S., geb., zahlr. S/W-Fotos
ISBN 3-86134-396-7

München – Bewegte Zeiten –
Die 50er Jahre
Elisabeth Angermair
64 S., geb., zahlr. S/W-Fotos, Großformat
ISBN 3-8313-1271-0

Das Millionendorf – Münchner
Geschichten aus den 50er Jahren
Dieter Grossherr (Hg.)
80 S., geb., zahlr. Abb.
ISBN 3-8313-1142-0

WARTBERG VERLAG GMBH & CO. KG
BÜCHER FÜR DEUTSCHLANDS STÄDTE UND REGIONEN
Im Wiesental 1 · 34281 Gudensberg-Gleichen · Telefon (0 56 03) 9 30 50 · Fax (0 56 03) 30 83
www.wartberg-verlag.de